BEI GRIN MACHT SICH IHR WISSEN BEZAHLT

Fedja Koob

Moses als Vorbild für den Propheten Mohammed

GRIN Verlag

Bibliografische Information der Deutschen Nationalbibliothek:

Die Deutsche Bibliothek verzeichnet diese Publikation in der Deutschen National-
bibliografie; detaillierte bibliografische Daten sind im Internet über http://dnb.d-
nb.de/ abrufbar.

Impressum:

Copyright © 2005 GRIN Verlag GmbH
Druck und Bindung: Books on Demand GmbH, Norderstedt Germany
ISBN: 978-3-656-86339-7

Dieses Buch bei GRIN:

http://www.grin.com/de/e-book/286148/moses-als-vorbild-fuer-den-propheten-
mohammed

GRIN - Your knowledge has value

Der GRIN Verlag publiziert seit 1998 wissenschaftliche Arbeiten von Studenten, Hochschullehrern und anderen Akademikern als eBook und gedrucktes Buch. Die Verlagswebsite www.grin.com ist die ideale Plattform zur Veröffentlichung von Hausarbeiten, Abschlussarbeiten, wissenschaftlichen Aufsätzen, Dissertationen und Fachbüchern.

Besuchen Sie uns im Internet:

http://www.grin.com/

http://www.facebook.com/grincom

http://www.twitter.com/grin_com

Johann Wolfgang Goethe Universität Frankfurt am Main

Fachbereich 7 Katholische Theologie

Moses als Vorbild für den Propheten Mohammed

SS 05

Seminarleitung:

vorgelegt von:

Fedja Sticher

30.09.05

Inhaltsverzeichnis

1.Einleitung

„Niemals wieder ist in Israel ein Prophet wie Mose aufgetreten. Ihn hat der Herr Auge in Auge berufen." So fasst das Buch Deuteronomium (Dtn 34,10) die Wirksamkeit des Moses zusammen. Die besondere Bedeutung, die Moses in diesem Zitat zugesprochen wird, lässt sich kaum überschätzen. Die Wichtigkeit dieser Figur, steht im Gegensatz zu unseren historischen Kenntnissen über diese Person. Der Name ist wahrscheinlich von einem ägyptischen Wort abgeleitet, das soviel wie „gebären" bedeutet, die Erklärung des Namens in Ex 2,10 ist eine Volksetymologie.[1] Die Diskussion der Frage nach der Geschichtlichkeit dauert bereits seit über 300 Jahren an, ohne zu einem Ende gekommen zu sein. Zu beachten ist dabei, dass es den biblischen Schriften, in diesem Zusammenhang vor allem dem Pentateuch, weniger um Konservierung der Geschichte geht, als vielmehr um die Bewahrung einer Erfahrung.[2] Die Erfahrung der Befreiung, die theologisch - soziale Bedeutung dieser Erfahrung für Israel und die Wichtigkeit einer Mittlergestalt sind einige der Zentralen Themen des Pentateuchs. Für Israel ist die Gestalt des Moses Teil dieses Komplexes und dieser Erfahrung.

Aber nicht nur für Israel, sondern auch für die sich bildende christliche Gemeinde ist Moses eine besondere Figur. Er hat natürlich nicht die Bedeutung und Stellung wie im Judentum inne; die Herrlichkeit des Christus überstrahlt ihn. Man kann dennoch sagen, dass für die Christen Moses eine Vorbild ist, das fast nicht zu überbieten ist.

Auch die dritte monotheistische Weltreligion, der Islam, hat eine Mosetradition aufzuweisen. Es gibt Ähnlichkeiten, zwischen der biblischen und der koranischen Tradition, aber es gibt auch Unterschiede. Dabei gibt es Abweichungen in drei Hinsichten. Zum einen gibt es Unterschiede, was die Details der Geschichte angeht. Wichtiger sind aber die unterschiedlichen Intentionen, die sich aus den Texten erkennen lassen. Als drittes gilt es zu bemerken, dass der Koran auch Traditionen verarbeitet von denen die Bibel nichts weiß. Die Frage ist natürlich, in welchem Verhältnis die Traditionen stehen.

---

[1] Vgl. Schmoldt 1990, 166 f. Vgl. auch Marböck 2001, 432.
[2] ebd.

Diese Fragestellung, d.h. die Verhältnisbestimmung der verschiedenen Traditionen, ist nun nicht Gegenstand dieser Arbeit. Das Thema ist die Figur des Moses in der koranischen Tradition und die Bedeutung, die diese Figur für Mohammed hat. Ich möchte dabei zunächst damit beginnen, die Figur des Moses, in der Bibel, grob zu charakterisieren. Dies ist aus mehreren Gründen geboten. Dadurch möchte ich den Blick schärfen, für die Unterschiede innerhalb der eigenen christlichen Tradition. Zum anderen soll damit hervorgehoben werden, welches Bild von Moses der Koran zeichnet. Dabei beginne ich mit den Traditionen die die Bibel und der Koran gemeinsam haben. Dann werde ich einen Blick auf spezifisch koranische Traditionen werfen Daran anschließen soll sich eine kurze Darstellung des islamischen Gesetzes, der Scharia. Diese Darstellung kann nur stark simplifizierend sein. Es geht mir darum zu zeigen, dass sich Fragen der Ethik und Lebensführung nicht allein an dem Dekalog oder anderen Gesetzesvorschriften allein festmachen lassen und das der Islam nicht als „Gesetzesreligion", welche die Erfüllung von Geboten in den Mittelpunkt rückt, bezeichnet werden kann. In einem letzten Abschnitt möchte ich die Ergebnisse zusammenfassen und die Bedeutung des Moses für Muhammad aufzeigen.

2. Moses in der Bibel

Wie in der Einleitung bereits bemerkt wurde ist das Bild, das die Bibel von Moses zeichnet sehr vielgestaltig. Dies hat mehrere Gründe. Zum einen die Fülle an Stoff und die Menge der Motive, die in diesen Erzählkomplexen zusammengetragen wurden, müssen dafür verantwortlich gemacht werden, dass das Bild von Moses so komplex ist. Zum anderen sind natürlich die vielen Redakteure und Autoren verantwortlich dafür, dass die Figur des Moses so vielgestaltig ist. Allerdings spielen redaktionskritische und traditionskritische Fragestellungen für das Thema dieser Arbeit keine Rolle. Wichtiger ist vielmehr das „große Bild", das sich aus der Bibel erheben lässt.

Gemäß der biblischen Tradition wird Moses, als Säugling, von seiner israelitischen Mutter auf dem Nil ausgesetzt, wo er von den Bediensteten des Pharao gefunden wird.[3] Er wird von dem Pharao adoptiert und an dem königlichen Hof erzogen. Durch den Mord an einem ägyptischen Aufseher ist Moses zur Flucht gezwungen.[4] Auf seiner Flucht begegnet Moses einigen Frauen, Töchtern des Priesters von Midian. Moses heiratet eine der Töchter und führt das Leben eines nomadischen Viehhirten.[5] Moses weidet die Schafe und wird von Gott, aus dem brennenden Dornbusch heraus, berufen das Volk Israel aus der ägyptischen Gefangenschaft heraus zu führen.[6] Von Gott mit besonderen Zeichen ausgerüstet und zusammen mit seinem Bruder Aaron tritt Moses vor den Pharao und fordert den Abzug der Israeliten. Pharao möchte die Israeliten nicht ziehen lassen, wird aber durch die zehn Plagen dazu gezwungen.[7] Am Schilfmeer werden die Israeliten vor den Nachstellungen des Pharao bewahrt. Das Volk wandert durch die Wüste zum Sinai, wo Moses im Auftrag Gottes Gesetze an die Israeliten übermittelt. Moses führt das Volk durch verschiedene Krisen bis an die Grenze des gelobten Landes, das er selbst nicht betreten darf. Soweit zum allgemein bekannten Bild des Moses. Diese Biographie kann man zwar nur fiktiv nennen, sie ist aber wichtig, weil vor allem diese groben Charakterisierungen für den Koran von Bedeutung sind.

---

[3] Vgl. Ex 2,1-10.
[4] Vgl. Ex 2,11-14.
[5] Vgl. Ex 2,15-3,1.
[6] Vgl. Ex 3.1-4,17.
[7] Vgl. Ex 7-14.

2.1 Moses im Pentateuch

Moses ist die Hauptfigur des Pentateuchs. Von dem Buch Exodus an beherrscht er die Erzählungen, bzw. ist der Protagonist für den sich entwickelnden Heilsplan Gottes mit Israel. Bereits die vielen Titel, die Moses beigelegt werden zeigen welche Funktionen Moses in den Erzählungen hat. Es lassen sich vier besonders hervorgehobene Kennzeichnungen festhalten.[8]

a) Moses als Mittler zwischen JHWH und Israel.

Die exemplarische Belegstelle dafür ist Ex 3. Es handelt sich dabei um die Berufungsgeschichte, mit der Offenbarung Gottes im Dornbusch. Dieser Text ist in mehreren Hinsichten ein Schlüsseltext. Im Hinblick auf das Gottesbild ist dieser Text wichtig, wegen der Offenbarung und Deutung des JHWH-Namens. Im Hinblick auf das Mosebild ist der Text wichtig, weil hier diese Figur besonders exponiert ist. Moses ist der Offenbarer und Vermittler des Befreiungswillens Gottes. Durch diese Aufgabe tritt Moses zwischen Gott und Israel.

b) Moses als Mittler der Befreiung und des Bundes

Moses tritt zwischen Gott und Israel, er vermittelt zwischen beiden. Dabei zeigt er, dass Gott daran interessiert ist Israel zu befreien.[9] In viele Szenen wird dabei deutlich das Gott die Befreiung will. So etwa bei der Plagenerzählung, oder bei der Rettung am Meer. Zugleich wird deutlich, dass die Aufgabe, den göttlichen Befreiungswillen zu offenbaren, für den Mittler auch eine Last bedeuten kann.[10]

---

[8] Vgl. Marböck 2001, 432 ff. Auch bei den anderen Zusammenfassungen halte ich mich an die hier angegebenen Darstellung
[9] Vgl. 3,7.9.
[10] Vgl. Num 11, 10-15.

4

c) Moses als Fürbitter für Israel.

Der Pentateuch offenbart eine schwierige und wechselvolle Lerngeschichte des Volkes Israel mit seinem Gott. Das Volk zeigt bei mehr als einer Gelegenheit seine Uneinsichtigkeit und seinen Ungehorsam. Dadurch zieht Israel den Zorn Gottes auf sich und muss sich dafür verantworten. Vor allem während der Wüstenwanderung offenbart das Volk seine Ungeduld und seinen Unwillen. In solchen Situationen greift der Moses des Pentateuchs fürbittend ein und erwirkt bei Gott einen Strafnachlass oder Aussetzung der Strafe.[11] Israel machte sich einen Götzen, den bekannten goldenen Stier. Gott wollte Israel dafür mit der Zerstörung strafen. Moses tritt fürbittend für Israel ein und Gott verschont das Volk. Die Solidarität mit dem Volk, die sich in der Fürbitte offenbart, reicht soweit das Moses dafür sogar in Kauf nehmen muss das gelobte Land nicht zu sehen.[12]

d) Moses als Mensch in der Nähe des Geheimnisses Gottes

Moses wird als Mensch offenbar, der sich für die Belange seines Volkes einsetzt. Doch trotz seines Einsatzes ist Moses kein gewöhnlicher Mensch mehr. Er ist ein Mensch, der in die Nähe Gottes gerückt ist. Moses hat damit eine privilegierte Stellung. Deutlich wird dies an der Berufungserzählung in Ex 3.[13] Damit wird Moses seinem Volk aber auch etwas fremd und unheimlich, was sich am deutlichsten an der Notiz sehen läßt das Moses nach der Zwiesprache mit Gott im Heiligtum eine Maske tragen muss, da er von einem Glanz umgeben ist.

---

[11] Vgl. Ex 14,15. Vgl. auch Ex 32,10-14.
[12] Vgl. Dtn 3,23-28.
[13] Vgl. Ex 19,18-20. Auch die Offenbarung am Sinai zeigt diesen Zug sehr deutlich. Ex 33, 7-11 spricht auch dazu. Dort wird geschildert, wie Moses das Offenbarungszelt betritt und Gott sich als Wolkensäule auf das Zelt nieder lässt, um mit Moses „Auge in Auge" zu reden.

2.2 Moses im Frühjudentum

Im Frühjudentum setzen veränderte Umstände und Kontexte auch eine Reflexion über die Figur des Moses in Gang. Im Großen und Ganzen bleiben diese Kennzeichnungen des Moses erhalten. Daneben treten weitere zwei Momente hervor.

a) Moses als prophetisch-apokalyptischer Offenbarungsmittler

Diese Funktion erhält Moses vor allem in der apokryphen Literatur. In dem „Testament des Moses" oder in der „Himmelfahrt des Moses" wird Moses zu einer Figur, die apokalyptisches Wissen über die Ereignisse am Ende der Zeit vermittelt.

b) Moses als Messias, bzw. Prophet der Endzeit

Neben den bekannten Messiastypen, dem davidschen Messias und dem hohepriesterlichen Messias erwartete das Volk Israel auch einen prophetischen Messias nach dem Typ Moses.[14]

2.3 Moses im Christentum

Moses hat auch im Christentum eine Fülle von Reflexionen angeregt und sein Bild sich dadurch verändert. Aber Jesus, der Christus, ist die Person die das Neue Testament beherrscht. Moses ist auch eine wichtige Figur, an der sich die Gemeinde ihr Selbstverständnis bildet. Aber die Bedeutung und Größe von Jesus stellt alle anderen Personen in den Schatten. Moses ist für die junge Gemeinde vor allem durch drei Aspekte gekennzeichnet.

a) Moses als Mittler von Gesetz und Offenbarung

Moses ist die Gestalt mit der Gott seinen Heilsplan an Israel verwirklicht. Durch das Gesetz wird Ordnung geschaffen. Diese Gesetze behalten trotz der aktualisierenden Offenbarung durch Jesus seine Geltung.[15] Zum Beispiel in der Bergpredigt wird die Gültigkeit dieser Gesetze vorausgesetzt. Es behält seine Gültigkeit. Damit ist aber für den Christen das letzte Wort, im Hinblick auf das Heil und seine Erlangung, noch nicht gesprochen. Allerdings führen die Fragen der Soteriologie hier zu weit vom Thema weg. Wichtig ist vielmehr das für die frühen Christen die Gestalt des

---

[14] Vgl. Dtn 18,15-18.
[15] Vgl. Mk 1,44. Für die Frage nach der Beziehung, von mosaischem Gesetz und dem „Gebot der Liebe" ist vor allem die Bergpredigt einschlägig (Mt 5,1-7,29). Paulus kennzeichnet das Verhältnis von Gesetz und Gnade komplexer (vgl. 2Kor 3,7-11). Es ist ein andauernder Kristallisationskeim theologischer Reflexion und Auseinandersetzung.

Moses die Kontinuität des Heilswillens repräsentiert, der sich vom Volk Israel auf die ganze Menschheit ausdehnt.

b) Moses als Zeuge für die Herrlichkeit des Christus

Moses ist ein Zeuge für die Herrlichkeit des Christus, wie die Perikope von der Verklärung Jesu zeigen soll, die man im Markusevangelium findet.[16] Dabei wird Moses für das Kerygma des Christus funktionalisiert.

c) Moses als Beispiel für die Kirche

Moses hat auch für die Gemeinde und ihre Leiter eine Vorbildfunktion. Insofern ist Moses nicht nur von legitimatorischem Interesse. Das alte Volk Israel wird mit dem „neuen Volk Gottes", d.h. den Christen verglichen. Daher kann die Geschichte von der Wüstenwanderung auch eine Interpretationshilfe sein, für die gegenwärtige Situation der Jungen Gemeinde. Wenn dieser Vergleich konsequent weitergedacht wird ist klar, dass die Repräsentanten und Leiter der Gemeinden sich mit Moses vergleichen mussten.[17]

Zusammenfassend kann man sagen, dass Moses für das Christentum und für das Judentum, bzw. für das Verhältnis der beiden Religionen eine ambivalente Figur ist. Denn Moses ist für die Juden und für die Christen eine Identifikationsfigur. Außerdem teilen beide Religionen ein und dieselbe Tradition, verkörpert im sogenannten „Alten Testament". Doch Moses ist auch eine Figur, die beide Traditionen trennt. Da der Mose des Christentums nur insofern bedeutsam ist, als das er auf den Erlöser Christus vorausweist und auf ihn hingeordnet ist. Der Moses des Judentums hingegen ist der Überbringer einer Offenbarung die im Prinzip nicht überboten werden kann.

---

[16] Vgl. Mk 9,2-10. Nicht nur durch solche direkten Verweise, werden Moses und Jesus aufeinander bezogen. Auch indirekte Hinweise dienen dazu. Die vierzig Tage des Fastens Jesus in der Wüste sind eine Anspielung auf die vierzig jährige Wüstenwanderung des Volkes Israel. Es ließen sich noch viele andere Beispiele anführen, die ich aus Platzgründen nicht erwähne.
[17] Vgl. 2Tim 3,8.

3. Moses im Koran

Der Koran kennt keine geschlossene Erzählung vom Leben des Propheten Musa, wie er im Koran genannt wird. Es gibt vielmehr einige Topoi der Geschichte von Moses, die in einigen Suren wiederholt und mit Abwandlungen aufgegriffen werden. Der Prophet Moses wird in zwei verschiedenen Textklassen erwähnt. Zum einen in Abschnitten von zwei bis drei Suren Länge, in denen er in eine Reihe mit anderen Propheten gestellt wird. In Sure 19, in den Versen 51 – 53, heißt es zum Beispiel: „Und gedenke in der Schrift des Mose! Er war ein Auserlesener (?) (oder: Begnadeter?) und ein Gesandter und Prophet. 52 Wir riefen ihn von der rechten Seite des Berges an und ließen ihn (uns) zu vertraulichem Gespräch nahekommen. 53 Und wir schenkten ihm in unserer Barmherzigkeit seinen Bruder Aaron, einen Propheten (oder: als Propheten)." Diese Verse sind zufällig aus der Menge dieser Textstellen ausgewählt. Diese Verse stellen summarisch die Wirksamkeit des Moses dar. Gleichzeitig sind sie eingebettet in Verse ähnlicher Art, welche die Wirksamkeit anderer Propheten darstellen. In den Versen 34 – 40 der 19. Sure ist von dem Propheten Jesus die Rede. In den Versen 41 – 50 wird von dem Propheten Abraham berichtet. Die Verse 54 – 55 berichten von dem Propheten Ismael. Die Reihe wird weitergeführt und führt zu dem Propheten Mohammed und seinen Auseinandersetzungen mit Christen sowie Ungläubigen.

Die andere Textklasse besteht aus längeren zusammenhängenden Abschnitten einer Sure, in denen häufig Begebenheiten aus dem Leben des Propheten Moses im Zusammenhang dargestellt werden. Auch diese größeren Erzähleinheiten werden mit Hinweisen auf den Propheten Mohammed verbunden. Sure 26 ist dafür ein gutes Beispiel. Sie beginnt mit einer Gottesrede, in der Gott Mohammed nach seiner Traurigkeit fragt, ihm Mut und Vertrauen zuspricht und dies mit dem Hinweis auf Moses bekräftigt, im Vers 10. In Vers 11 wird dann zunächst die Berufungsgeschichte in direkter Erzählweise aufgegriffen, gefolgt von der Erzählung über Moses vor dem Pharao.

Ich möchte nun damit beginnen die Geschichte von Moses, so wie sie der Koran sieht, anhand verschiedener Surenausschnitte darzustellen.

3.1 Kindheit und Jugend

Sure 28 ist die Sure, welche sich am ausführlichsten mit der Kindheit des Moses beschäftigt. Demnach nahm alles seinen Anfang damit, dass der Pharao seine Bevölkerung in unterschiedliche Gruppen aufteilte und die Gruppe der Israeliten besonders unterdrückte. Wie auch die Bibel, so berichtet der Koran davon, dass der Pharao die männlichen Nachkommen der Israeliten töten ließ.[18] Dies wird durch die Angst des Pharaos begründet, die Israeliten könnten ihnen, d. h. den Ägyptern, das Land wegnehmen. Gott greift ein und gibt der Mutter des Moses die Anweisung ihn auf dem Wasser auszusetzen, verbunden mit der Verheißung Moses zu einem Gesandten zu machen.[19] Moses wird von den Leuten des Pharao gefunden. Die Frau des Pharaos findet den Säugling und nimmt sich seiner an. Das bedeutet sie adoptiert ihn. Die biblische Tradition macht dafür die Tochter des Pharao verantwortlich. Moses möchte aber nicht aus den Brüsten der fremden Amme genährt werden, sodass die Frau gezwungen ist eine Amme aus dem Volk der Israeliten kommen zu lassen. Durch göttliche Fügung wird die richtige Mutter des Moses dafür ausgewählt. Auf diese Weise kommt Moses zu seiner Mutter zurück.[20]

Von der weiteren Entwicklung, die Moses durchlebt hören wir nichts. Die Geschichte setzt bei der Jugend, bzw. dem frühen Mannesalter des Moses wieder ein. Der Koran hält fest, dass Moses erwachsen war und Urteilsfähigkeit und Wissen gewonnen hatte. Moses ist zu Besuch in der Stadt und bemerkt eine handfeste Auseinandersetzung zwischen einem Israeliten und einem Ägypter. Er greift in diesen Streit ein und schlägt den Ägypter durch einen unachtsamen Schlag tot.[21] Moses macht den Satan für den Totschlag verantwortlich und bittet Gott um Vergebung, die auch gewährt wird. Aus Furcht entlarvt zu werden und dem Hinweis eines Ungenannten folgend, flieht Moses aus dem Land der Ägypter und kommt nach Madjan, biblisch Midian.[22]

---

[18] Vgl. K 28,4.
[19] Vgl. K 28,7.
[20] Vgl. K 28,13.
[21] Vgl. K 28,15.
[22] Vgl. K 28,22.

3.2 Moses in Madjan

Moses flieht vor den juristischen Folgen seines Totschlags nach Madjan. An der Tränke, die Moses dann aufsucht, versuchen zwei Frauen ihre Tiere zu tränken. Moses hilft ihnen, weil sie nicht imstande sind das zu bewerkstelligen. Moses wird von dem Vater der Mädchen eingeladen. Moses erzählt ihm von dem Grund seiner Flucht. Eines der Mädchen macht ihrem Vater den Vorschlag Moses als Knecht für ihn arbeiten zu lassen. Dies möchte der Vater dem Moses auch vorschlagen und verspricht ihm zusätzlich für seine Dienste eine seiner Töchter zur Frau zu geben. Moses nimmt dieses Angebot an und arbeitet, 8 bzw. zehn Jahre, die genaue Zahl ist nicht ganz klar. Nach Ablauf dieser Frist macht sich Moses mit seiner Familie auf den Weg, vermutlich nach Ägypten aber der Text sagt dazu nichts Genaues.[23]

3.3 Offenbarung im Feuer

Während Moses mit seiner Familie auf dem Weg ist bemerkt er, an der Seite eines Berges, ein Feuer und möchte nachsehen was es damit auf sich hat. Diese Geschichte gehört mit der Auseinandersetzung vor dem Pharao zu den am häufigsten erzählten Begebenheiten. Die Sure 20 erzählt diese Begebenheit am ausführlichsten. Moses begibt sich zu dem Feuer und wird von Gott angesprochen, der sich ihm sofort als sein Herr zu erkennen gibt. Er fordert Moses, mit dem Hinweis das dieser sich in dem heiligen Tal Tuwa befindet, auf die Sandalen auszuziehen. Er fordert von Moses außerdem ein monotheistisches Bekenntnis und die Ausübung des Gebetes. Gott fragt Moses nach dem Stock, den er in der Hand hält. Er soll ihn auf den Boden werfen, was Moses auch tut. Dieser Stock verwandelt sich daraufhin in eine Schlange. In anderen Suren verwandelt sich der Stock nicht, sondern er erweckt nur den Eindruck. Dann soll Moses seine Hand in das Hemd stecken, woraufhin sie sich weiß färbt. Moses erhält dann den Auftrag zu dem Pharao zu gehen und mit diesen Zeichen, sowie sieben weiteren, ausgerüstet ihm die Einheit Gottes zu predigen und das Volk Israel zu befreien. Moses ist sich seiner Unfähigkeit bewusst, doch das ist für ihn kein Anlaß zu zaudern. Er bittet Gott darum, dass er ihm die Zunge löst und seinen Bruder Aaron zur Unterstützung gibt. Gott gewährt diese Bitte.[24]

---

[23] Vgl. hierzu K 28,22-28.
[24] Vgl. hierzu K 20,9-36.

3.4 Die Auseinandersetzung mit dem Pharao

Diese Begebenheit ist die am häufigsten erzählte, aus dem Umkreis der „Mosesgeschichten". Sie ist auch die wichtigste Geschichte. In vielen Suren wird diese Geschichte erzählt, mit verschiedenen Abweichungen. In der Darstellung werde ich mich auf die Sure 26 beziehen.

Moses tritt mit seinem Bruder Aaron vor dem Pharao auf. Der Pharao erinnert an den Totschlag und bezeichnet Moses als undankbar. Moses verteidigt sich mit dem Hinweis auf die göttliche Gnade, die ihn zum Gesandten gemacht hat und fordert nun vom Pharao die Israeliten ziehen zu lassen. Der Pharao zeigt sich ungläubig und fragt höhnisch wer das ist, „der Herr der Welten". Moses wird von dem Pharao der Besessenheit bezichtigt. Der Pharao droht Moses an ihn ins Gefängnis zu werfen, wen er einen andern als ihn zum Gott nimmt. Moses möchte seine Sendung durch die Beglaubigungswunder, mit denen Gott ihn ausgestattet hat, legitimieren. Er wendet die Tricks mit dem Stock und mit der Verwandlung der Hand an. Der Pharao erhält von den Vertrauten in seiner Umgebung den Rat, seine besten Zauberer zu versammeln. Sie sollen sich mit Moses und Aaron zu einem Zauberwettstreit verabreden, um herauszufinden wer die größere Macht hat. Die Zauberer des Pharao werfen ihre Stricke und Stöcke, die sich auch in Schlangen verwandeln aber von der Schlange des Moses verschlungen werden. Daraufhin fallen die Zauberer auf den Boden nieder und beginnen den Gott von Moses und Aaron anzubeten. Der Pharao möchte sie nun kreuzigen lassen, doch das schreckt die Zauberer nicht da sie darauf hoffen von Gott Vergebung zu erhalten. Nach der Sure 7 ist der Pharao aber nicht überzeugt und lässt die Israeliten nicht ziehen.[25] Moses offenbart auch die anderen sieben Zeichen, die einigen der zehn biblischen Plagen entsprechen. Zunächst wird die Dürre aufgeführt, dann die Überflutung des Nil, die Heuschrecken, die Läuse, die Verwandlung des Wassers in Blut. Zuletzt wird noch ein „Strafgericht" als Zeichen angeführt, wobei nicht ganz klar ist was damit bezeichnet wird.

---

[25] Vgl. K 7,127 ff.

3.5 Der Auszug aus Ägypten

Moses wartet nicht darauf, dass der Pharao seinem Volk die Erlaubnis erteilt Ägypten zu verlassen, sondern er versammelt die Israeliten in der Nacht und verlässt Ägypten. Der Pharao verfolgt die Israeliten mit seinen Truppen. Die Israeliten werden durch den Anblick der Streitkräfte von Angst erfüllt. Moses erhält von Gott die Weisung mit seinem Stock auf das Wasser zu schlagen, worauf hin es sich teilt und dem Volk ermöglicht auf das andere Ufer zu gelangen. Die Truppen des Pharao werden von den Wassermassen ertränkt.[26] Sure 10 berichtet in den Versen 90-92, dass sich der Pharao zu dem Gott des Moses bekennt, um sich zu retten.[27] Gott lässt zu das der Pharao überlebt um anderen als abschreckendes Beispiel zu dienen. Die Israeliten gelangen auf ihrer Wanderung durch Gebiete die Götzendienern bewohnt waren. Dort empfingen die Israeliten die Anregung sich Götzen zu schaffen.[28] Diese Bestrebungen konnten unterdrückt werden. Doch als sich Moses mit Gott auf dem Sinai verabredete kamen diese Bedürfnisse wieder hervor. Aaron wurde als Vertreter des Moses eingesetzt, konnte aber den Götzendienst nicht verhindern. Während der Vierzig Tage, die Moses auf dem Sinai verbrachte, wollte Moses Gott schauen. Die Herrlichkeit Gottes konnte er aber nicht schauen und fiel in Ohnmacht.[29] Gott gibt Moses die Gesetzestafeln, allerdings erfährt man den Inhalt der Gesetzte nicht. Interessant ist dabei, dass Gott selbst die Gültigkeit der Gesetze etwas einschränkt, indem er darauf hinweist, dass die Israeliten sich an die Besten dieser Vorschriften halten sollen.[30]

Die Israeliten haben sich aus ihrem Schmuck ein goldenes Kalb gefertigt das sie anbeten. Aaron wird von Moses zur Verantwortung gezogen. Er versucht sich damit zu rechtfertigen, dass die Leute Druck auf ihn ausgeübt haben. Moses bittet Gott um Vergebung und sammelt eine Schar von 70 gottwohlgefälligen Israeliten um sich, um ein Strafgericht durch zuführen.[31] Der Koran berichtet weiter von der wundersamen Speisung mit Manna und Wachteln. Außerdem erwähnt er das Wunder von der Tränkung aus dem Felsen. Die Teilung des Volkes in 12 Stämme geht auch auf Gott selbst zurück.[32]

---

[26] Vgl. K. 26,66.
[27] Die Verse 11,96-99 berichten von den Ereignissen, die den Pharao am Ende der Zeiten erwarten werden. Er wird, zusammen mit seinen Anhängern in das Höllenfeuer hinabgeführt. Der Koran kennzeichnet dabei den Pharao als Hirten, der die Herde der Gottlosen anführt. Ob der Koran das Bild von Gott als dem „Guten Hirten" gekannt hat weiß ich nicht, aber man vor diesem Hintergrund wird man dieser Stelle eine gewisse Ironie nicht absprechen können.
[28] Vgl. K 7,138-139.
[29] Vgl. K. 7,138ff.
[30] Vgl. K. 7,145.
[31] Vgl. K. 7,155.
[32] Vgl. K. 7,160

Die Verehrung des goldenen Kalbes wird in Sure 20, in den Versen 83-98, ausführlicher erzählt. Demnach weist Gott selbst Moses auf die Verfehlungen seines Volkes hin. Ein gewisser Samiri ist dafür verantwortlich. Aaron verteidigt hier seine Untätigkeit da er keine Spaltungen im Volk verursachen wollte. Das Kalb wird verbrannt, zermalmt und die Asche ins Meer gestreut. Abgeschlossen wird diese Erzählung mit einem monotheistischen Bekenntnis.

3.6 Weitere Ereignisse

Der Koran überliefert eine Geschichte die entfernt an die Begebenheit mit der Rotte Korah erinnert.[33] Sure 28, 76-82 berichtet von einem Qarun, der zum Volk Israel gehörte und so viel Gold besaß, dass eine Schar kräftiger Männer die Schlüssel der Schatztruhen nicht tragen konnten. Er wurde mehrmals aufgefordert die Almosensteuer zu entrichten, was Qarun aber mit dem Hinweis ablehnte, er habe sich den Reichtum selbst erarbeitet. Es bildeten sich Parteien, die eine Gruppe stellte sich auf die Seite des Moses, die andere stellte sich auf die Seite des Qarun. Daraufhin wurde er mit seinem ganzen Haus von der Erde verschlungen.

---

[33] Vgl. Num 16.

4. Spezifisch koranische Tradition

Neben den mehr oder weniger an der biblischen Tradition orientierten Erzählungen, weiß der Koran auch von einer anderen Begebenheit zu berichten, die die Bibel nicht kennt. Die Geschichte von al-Chidr (Der Grüne)[34] zeigt Moses aus einer ganz anderen Perspektive. Sure 18 erzählt diese Begebenheit in den Versen 65-81.

Moses ist mit seinem Diener auf einer Reise gewesen und befindet sich auf dem Rückweg. Auf ihrem Weg finden sie einen der Diener Gottes, der im Wissen gelehrt war. Moses wollte diesen Diener begleiten, um etwas von diesem Wissen zu erfahren. Dieser Diener, seine Name wird nicht genannt, nimmt Moses mit auf seiner Reise. Er weist Moses aber darauf hin, dass dieser seine Handlungen wahrscheinlich nicht verstehen wird und bittet Moses ruhig zu sein und ihn erst etwas zu fragen, wenn er von sich aus etwas sagt. Moses macht sich mit al-Chidr auf den Weg. Sie treffen unterwegs auf ein Schiff, das Moses Begleiter beschädigt. Moses ist entsetzt, bricht die Verabredung, bekommt aber noch eine zweite Chance. Sie setzten den Weg gemeinsam fort. Unterwegs treffen sie einen Jungen, den al-Chidr tötet. Auch über diese Tat ist Moses entsetzt und fordert von al-Chidr eine Erklärung. Noch ein letztes Mal wird Moses eine Chance gewährt. Er setzt seine Reise mit al-Chidr fort. Sie gelangen zu einer Stadt. Die Bewohner wollen sie nicht bewirten. al-Chidr findet nun in dieser Stadt eine Mauer die einzufallen droht. Er setzt sie in Stand. Auch diesmal fragt Moses nach. Nun erhält Moses die Deutungen der Taten von al-Chidr. Demnach zerstörte al-Chidr das Boot, damit es nicht in die Hände eines habgierigen Königs gelangt und die Bootsbesitzer ihrer Einkommensquelle beraubt sind. Der Junge musste sterben, weil er für seine Eltern und ihren Glauben eine starke Belastung war, unter der ihr Glaube zerbrochen wäre. In der Stadt, die das Gastrecht verletzt hat, leben zwei Waisenjungen, deren Vater rechtschaffen war und unter der Mauer einen Schatz versteckte. Gott wollte, dass diese Waisenjungen später einmal das Geld erhalten. Begründet werden diese Handlungen damit, dass den Menschen alles aus der Barmherzigkeit Gottes zukommt.

---

[34] Wie dieser Name zu verstehen ist, bzw. was genau er bedeutet ist nicht ganz klar. Die ganze Szene ist sehr schwer zu verstehen. Aber offenbar geht es hier um die Frage nach Erkenntnis in ihren verschiedenen Formen. Demnach ergeben sich zwei verschiedene Möglichkeiten die Namen zu interpretieren. Die eine Erklärung ist mythologisch und leitet den Namen von dem Bad des al-Chidr in der Quelle des Lebens her. Die andere Deutung beruft sich mehr auf den Erkenntnisbegriff. Moses repräsentiert demnach ein kasuistisches und starres Regel- bzw. Gesetzeswissen. Al-Chidr repräsentiert demgegenüber eine Form von ursprünglichem und lebendigem Wissen, daher der Name „der Grüne". Vgl. hierzu auch: Hossein, 1993, 71f.

5. Der Dekalog in Bibel und Koran

Der Dekalog ist das Kernstück jüdischer Ethik. Er wird in zwei verschiedenen Texten überliefert. Zum einen in Exodus 20, 1-21 und in Deuteronomium 5, 1-22. Auch der Koran überliefert zwei verschiedene Dekaloge. Sure 2, 83-85 bringt einen „kurzen" Dekalog, der nicht alle Gesetzesvorschriften enthält. Sure 17, 22-39 gibt den Dekalog ausführlicher und interpretierend wieder. Allerdings werden nicht alle Gesetze des Dekaloges aufgeführt. Das Sabbatgebot wird nicht erwähnt. Alle anderen Gebote werden im Koran, mehr oder weniger explizit formuliert. Aber man sollte sich davor hüten, den Islam eine „Gesetzesreligion" zu nennen. Die Situation des einzelnen Menschen in dieser Welt, der versucht den Willen Gottes zu erfüllen, ist sehr viel komplexer, als das ihr mit einem Befolgen von Gesetzten entsprochen werden könnte. Dabei gilt es auch zu beachten, welche Rolle in der jeweiligen Religion und Kultur diese Gesetzte spielen.

Der Mensch wird durch das Gesetzt Gottes geleitet. Dabei meint Gesetz mehr als nur den Dekalog, es wird unter dem Namen Scharia, d. i. der Weg, zusammengefasst.[35] Der Dekalog hat für den Muslim nicht die gleiche fundamentale Bedeutung, wie für den Juden. Für den Muslim sind noch andere Verordnungen maßgeblich. Er versteht die Gesetzte als Ausdruck der Weisheit Gottes, die den Menschen den rechten und für ihn guten Weg führen.[36] Sie sind ebenso Ausdruck der Barmherzigkeit Gottes. Das Gesetz ist dem Gläubigen ein Licht, welches ihm seinen Glaubensweg erkennen lässt. Doch dieses Gesetz bewirkt außerdem Einsicht und ermöglicht die Urteilsbildung.[37]

Dabei bemüht sich der Koran umfassend und genau die Lebenssituation der damaligen Menschen zu erfassen und zu reglementieren.[38] Da sich das Leben und die Lebensumstände mit der Zeit änderten mussten das Recht und die Vorschriften der Zeit entsprechend angepasst werden. Außerdem mussten neue Vorschriften erlassen werden. Den Rechtsgelehrten kam dabei vor allem die Aufgabe zu das Recht behutsam zu aktualisieren, indem sie es neu auslegten und anwendeten. Heute umfaßt das islamische Recht, die Scharia, mehr als 50 Sachgebiete.

---

[35] Vgl. Tworuschka, 2002b, 172f.
[36] Ebd.
[37] Vgl. Khoury, 2001, 92ff.
[38] Vgl. Tworuschka, 2002b, 173.

6. Zusammenfassung

Wie wir gesehen haben ist das Bild von Moses in der jüdisch-christlichen Tradition sehr komplex. Man kann es schwer auf einen Nenner bringen. Im Allgemeinen jedoch kann man Moses als Mittler bezeichnen. Er vermittelt zwischen Gott und Israel. Er vermittelt den Heilswillen, das Gesetz und er ist Mittler im zwischenmenschlichen Bereich, durch die Stiftung der Stämmeordnung.

Die Darstellung des Korans weist einige Unterschiede im Detail auf. Über die Person, welche Moses adoptierte herrscht Uneinigkeit. Gemäß dem Pentateuch war es die Tochter des Pharao. Der Koran hingegen berichtet, dass die Ehefrau des Pharao Moses adoptieren wollte. Auch der Mord, bzw. der Totschlag des Ägypters wird unterschiedlich gesehen. Die Bibel zeigt ganz klar an, dass Moses den Ägypter mit Vorsatz tötete. Der Koran hingegen sieht dieses Geschehen als einen Unfall an.

Ein weiterer, wenn auch marginaler, Unterschied besteht bei der Anzahl der Frauen am Brunnen, in Midian resp. Madjan. Die Bibel berichtet von sieben Frauen, die zur Tränke gehen. Der Koran spricht nur von zwei Frauen. Im Gegensatz zum Koran ist die Darstellung der Bibel ausführlicher, der Vater der Braut wird mit Namen genannt, auch der Name von Moses Kind wird überliefert. Auch der Name von Moses Ehefrau wird überliefert. Alles dies fehlt in der koranischen Darstellung. Allerdings nennt der Koran ein Detail, das keine Entsprechung in der Bibel hat. Moses soll dem Vater der Frauen acht bzw. zehn Jahre dienen, um seine Tochter heiraten zu können. Diese Begebenheit erinnert an die Geschichte mit Jakob und Laban. Aber ich kann nicht erklären, wie dieses Detail hier herein gekommen ist.

Ein weiterer Unterschied ist die Darstellung der Plagen. Im Koran ist nicht von Plagen die Rede, vielmehr sind es hier Beglaubigungswunder, die zeigen sollen, dass Moses mit der Vollmacht Gottes und in seinem Auftrag auftritt. In der Bibel sind die Plagen Sanktionen die den Pharao zwingen sollen, die Israeliten frei zu lassen. Die Anzahl ist auch nicht übereinstimmend. Die Bibel überliefert zehn Plagen, der Koran hingegen nur neun. Darüber hinaus sind die Plagen auch unterschiedlich. Ein weiterer Unterschied ist, dass zwar in Bibel und Koran die beiden Beglaubigungswunder, die Verwandlung des Stocks und der Hand, ähnlich überliefert werden, der Koran aber bei der Verwandlung der Hand darauf besteht, dass die Hand sich nicht verändert, sondern nur weiß erscheint. In der Bibel ist davon die Rede, dass die Hand vom Aussatz befallen ist.

Im Hinblick auf die Berufung kann man nicht so viele Differenzen festmachen. Moses ist im Koran mit seiner Familie unterwegs. In der Bibel ist er mit seinen Schafen unterwegs. Die eigentliche Berufung, mit dem brennenden Dornbusch, der Weigerung, dem Auftrag usw. ist weitgehend parallel. Die Bibel ist etwas ausführlicher, aber tendenziell ähnlich. Im Koran ist es Gott der die Initiative ergreift und Moses anspricht.

Die größten Abweichungen kommen aber in der Erzählung von der Auseinandersetzung mit dem Pharao vor. Interessant ist das hier der Koran verschiedene Varianten aufweist. Daneben bringt der Koran in dieser Geschichte auch Material das er nicht mit der Bibel gemeinsam hat. Die Gestalt des Haman ist nicht biblisch. Diese Figur ist sprichwörtlich geworden, als Gestalt für das Böse. In Sure 28, 38 verlangt der Pharao von ihm einen Turm zu bauen, der bis zum Himmel reicht, damit er den Gott des Moses sehen kann.

Die Geschichten und Begebenheiten die während der Wanderung geschehen, werden fast gleich von Koran und Bibel überliefert, bis auf die Geschichte der Theophanie am Sinai und kleineren Abweichungen in der Geschichte von dem goldenen Kalb. Die Figur des Samiri ist spezifisch koranisch und die Israeliten werden nicht gezwungen die Asche des verbrannten Kalbs zu trinken.

Die weiteren Begebenheiten, die sich um die Landnahmeerzählung gruppieren werden nicht erwähnt. Ebenso wird der ganze Erzählstrang von der Paschafeier ausgeblendet. Dies wirft nun die Frage nach den größeren Abweichungen, bzw. nach den unterschiedlichen Intentionen auf.

Der Moses des Korans ist aus dem traditionellen kulturellen Zusammenhang herausgelöst. Der Erzählzusammenhang ist im Koran unterbrochen. Es scheint als würde die Mosesgeschichte der Bibel für Muhammad funktionalisiert, denn immer ist sie mit einem Hinweis auf den Propheten Muhammad verbunden. Hinzukommt, dass die Suren und Abschnitte im Koran, die Moses behandeln, mit der Auswanderung Muhammads nach Medina zunehmen.[39] Also genau in der Phase seiner Biographie in der Muhammad besonderen Anfeindungen und Spannungen ausgesetzt ist. Darüber hinaus bietet der Auszug für Muhammad auch eine Möglichkeit zur Identifikation mit Moses. Der Moses des Koran scheint daher nur wenig mit dem Moses der biblischen Tradition gemein zu haben, von Äußerlichkeiten abgesehen.

---

[39] Huber-Rudolf, 1996, 58f.

Andererseits ist auch die These geäußert worden, dass die größeren Abweichungen nur als unterschiedliche Akzentsetzungen zu werten seien und das daher der Abstand der beiden Figuren nicht so groß ist. Opeloye schreibt in seinem Aufsatz dazu: „However, it must be pointed out that some of these roles attrbuted to Musa (als Gesetzgeber, Gründer Israels, Begründer des JHWH Glaubens usw.... Anm. des Verf.) are equally recognised by the Qur'an, but they are understood to be aspects of his prophetic function. Therefore, the conflict here (if there is any) arises from the different emphasis in the two scriptures."[40]

Wenn man nur die einzelnen Texte des Korans heranzieht ist dieses Urteil berechtigt. Aber der Koran stellt diese Texte fast ausschließlich in einen auf Muhammad bezogenen Kontext. Man kann daher mit einer gewissen Berechtigung sagen, dass der Moses des Korans ein anderer ist, als der Moses der biblischen Überlieferung.

Die Funktion des Moses für Muhammad lässt sich folgender maßen zusammenfassen. Moses hat für ihn eine legitimatorische Funktion. Durch die Eingliederung des Propheten Moses in eine zeitliche Abfolge, die in Muhammad mündet, begründet er seinen eigenen Anspruch ein Prophet und Gesandter Gottes zu sein. Moses hat für Muhammad auch eine Identifikationsfunktion. So wie Moses zu dem Volk Israel gesandt wurde und mit ihm den Exodus durchstehen musste, ist auch Muhammad zum Auszug aus Mekka gezwungen. Er wird dabei von seinen Anhängern begleitet. Zuletzt hat die Figur des Moses für Muhammad auch eine Trostfunktion. Das Beispiel des Moses soll ihm Kraft geben und seinen Glauben stärken, um die Mission, von der er glaubt sie erfüllen zu müssen, zu Ende zu bringen.

---

[40]Vgl. Opeloye, 1990, 40f.

Literaturverzeichnis

1. Quellen:

| Der Koran, | übers. von Max Henning, Stuttgart 1991. |
| Der Koran, | übers. von Rudi Paret, Stuttgart 2004[9]. |

2. Sekundärliteratur:

Gardet, Louis,	Islam, Köln 1968.
Huber-Rudolf, Barbara,	Gott ist mit seinen Propheten. Mose aus islamischer Sicht, in: Zahner, Walter (Hg.), Die Bibel: Materialien und Arbeitshilfen, Bd. 3, München 1996, 47-59.
Jaroš, Karl,	Der Islam, Bd. IV, Ulm/Donau 1997.
Khoury, Adel Theodor,	Der Islam und die westliche Welt. Religiöse und Politische Grundfragen, Darmstadt 2001.
Marböck, Johannes,	Moses, in: Marböck, Johannes/ Woschitz, Karl M.,/ Bauer, Johannes B. (Hgs.), Bibeltheologisches Wörterbuch, Sonderausgabe 2001, 432-434.
Nasr, Seyyed Hossein,	Ideal und Wirklichkeit des Islam, München 1993.
Opeloye, Muhib O.,	Confluence and Conflict in the Qur`anic and Biblical Accounts of the Life of Prophet Musa, in: ISLAMOCHRISTIANA, Nr. 16 (1990), 25-41.
Schmoldt, Hans,	Kleines Lexikon der biblischen Eigennamen, Stuttgart 1990.
Tworuschka, Monika,	Grundwissen Islam. Religion, Politik und Gesellschaft, Münster 2002a.
Tworuschka, Monika,	Islam-Lexikon, Düsseldorf 2002b.
Weiner, Sigrid,	Der Islam. Einführung in Religion – Kultur – Brauchtum, Donauwörth 2002.